Impressum
Verlag: BABADADA GmbH, Nedderfeld 112 , 22529 Hamburg
Geschäftsführer / Verlagsleitung: Harald Hof
Druck: Books on Demand GmbH, In de Tarpen 42, 22848 Norderstedt

Imprint
Publisher: BABADADA GmbH, Nedderfeld 112 , 22529 Hamburg, Germany
Managing Director / Publishing direction: Harald Hof
Print: Books on Demand GmbH, In de Tarpen 42, 22848 Norderstedt, Germany

la escuela

школа

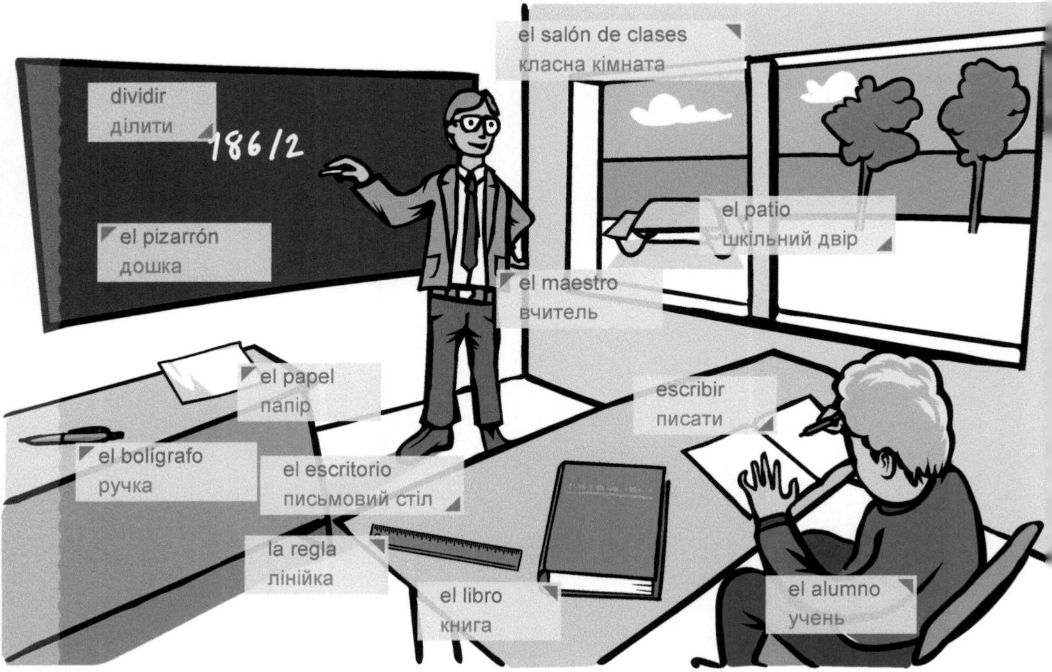
el salón de clases
класна кімната
dividir
ділити
186/2
el pizarrón
дошка
el patio
шкільний двір
el maestro
вчитель
el papel
папір
escribir
писати
el bolígrafo
ручка
el escritorio
письмовий стіл
la regla
лінійка
el libro
книга
el alumno
учень

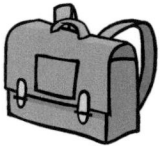

la mochila

ранець

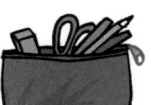

la caja de lápices

пенал

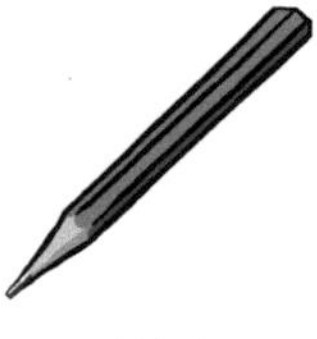

el lápiz

олівець

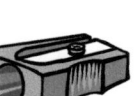

el sacapuntas

точило

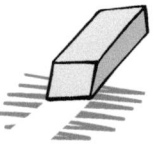

la goma de borrar

гумка

el bloc de dibujo

альбом для малювання

el dibujo

малюнок

el pincel

пензель

la caja de lápices de color

коробка фарб

las tijeras

ножиці

el pegamento

клей

el libro de ejercicios

зошит

la tarea

домашнє завдання

el número

число

sumar

додавати

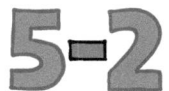

restar

віднімати

multiplicar

множити

calcular

рахувати

la letra

літера

el alfabeto

абетка

la palabra

слово

el texto

текст

leer

читати

la tiza

крейда

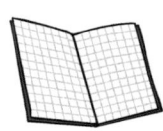

la lección

година

el cuaderno de clase

класний журнал

el examen

екзамен

el certificado

диплом

el uniforme

шкільна форма

la educación

освіта

la enciclopedia

лексикон

la universidad

університет

el microscopio

мікроскоп

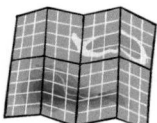

el mapa

карта

el bote de basura

кошик для паперу

el viaje

подорож

el hotel
готель
Grand
el hostel
турбаза
ROOMS
la casa de cambio
обмінний пункт
EXCHANGE
la maleta
валіза
el carro
автомобіль

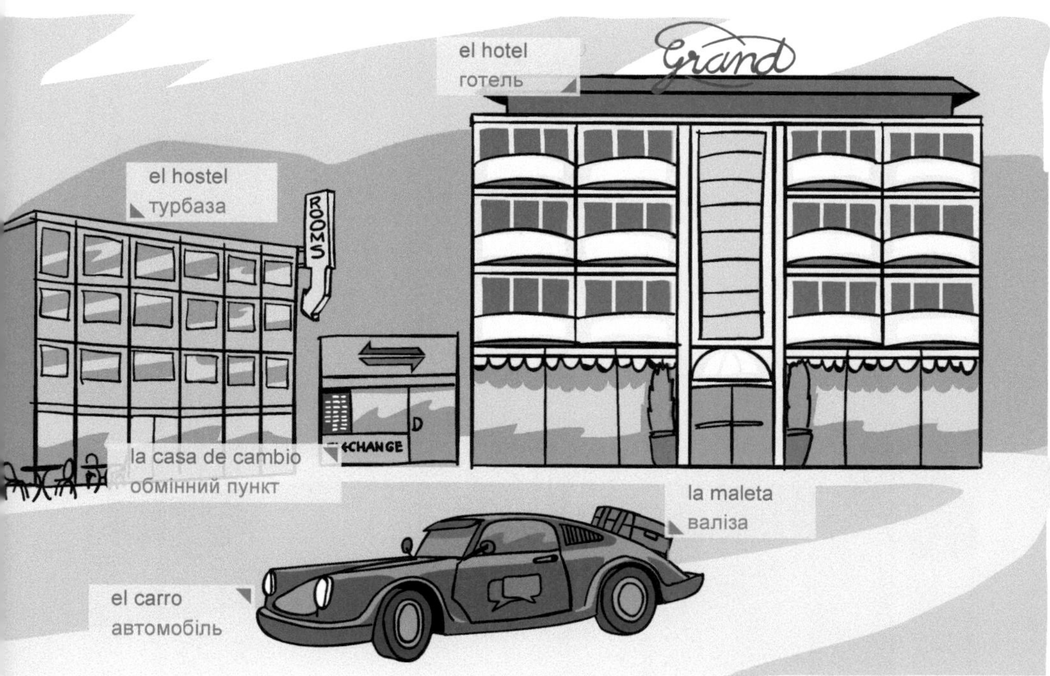

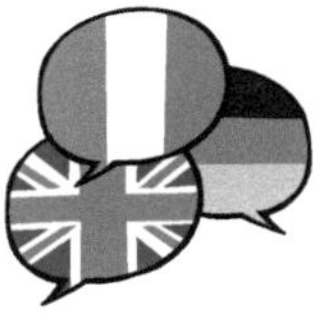

el idioma

мова

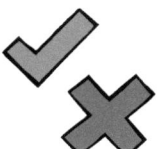

sí / no

так / ні

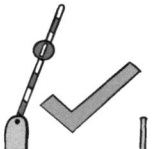

Órale

добре

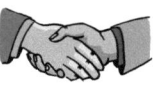

hola

привіт

el traductor

перекладач

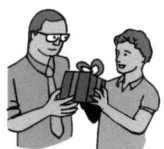

Gracias

дякую

¿cuánto cuesta…?

Скільки коштує …?

No entiendo

Я не розумію

el problema

проблема

¡Buenas tardes!

Добрий вечір!

¡Buenos días!

Доброго ранку!

¡Buenas noches!

На добраніч!

adiós

До побачення

la dirección

напрямок

el equipaje

багаж

la bolsa

сумка

la mochila

рюкзак

el invitado

гість

la recámara

кімната

la bolsa de dormir

спальний мішок

la tienda de campaña

намет

la información turística

туристична інформація

la playa

пляж

la tarjeta de crédito

кредитна картка

el desayuno

сніданок

el almuerzo

обід

la cena

вечеря

el billete

квиток

el ascensor

ліфт

el sello

поштова марка

la frontera

межа

la aduana

митниця

la embajada

посольство

la visa

віза

el pasaporte

паспорт

el transporte
транспорт

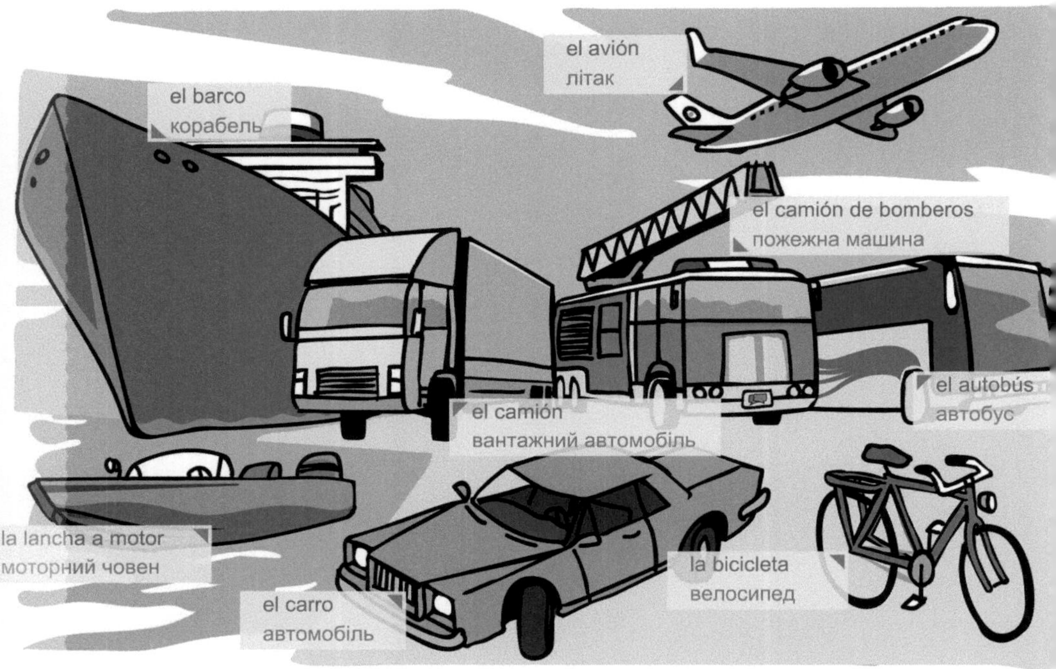
el avión
літак
el barco
корабель
el camión de bomberos
пожежна машина
el autobús
автобус
el camión
вантажний автомобіль
la lancha a motor
моторний човен
la bicicleta
велосипед
el carro
автомобіль

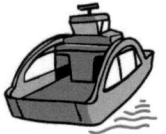

el ferry
пором

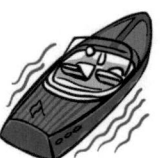

el bote
човен

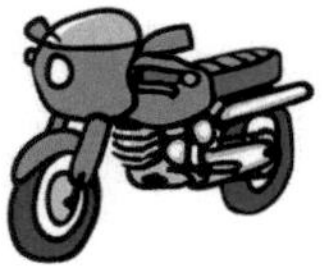

la motocicleta
мотоцикл

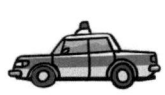

la patrulla
поліцейська машина

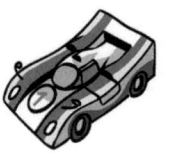

el coche de carreras
гоночний автомобіль

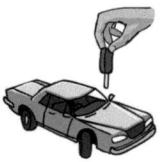

el auto para rentar
автомобіль на прокат

la renta de autos

спільне користування авто

la grúa

евакуатор

el camión recolector de basura

сміттєвоз

el motor

двигун

la gasolina

паливо

la gasolinera

автозаправна станція

la señal de tráfico

дорожній знак

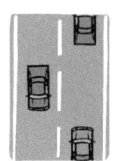

el tránsito

рух

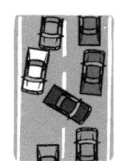

el embotellamiento

затор

el aparcamiento

стоянка

la estación de tren

вокзал

las vías

рейки

el tren

потяг

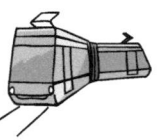

el tranvía

трамвай

el vagón

вагон

el transporte - транспорт

el helicóptero

гелікоптер

el aeropuerto

аеропорт

la torre

вежа

el pasajero

пасажир

el contenedor

контейнер

la caja de cartón

коробка

la carretilla

візок

la cesta

кошик

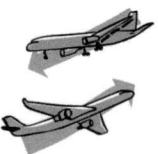

despegar / aterrizar

стартувати / приземлятися

la ciudad

місто

el pueblo

село

el centro de la ciudad

центр міста

la casa

дім

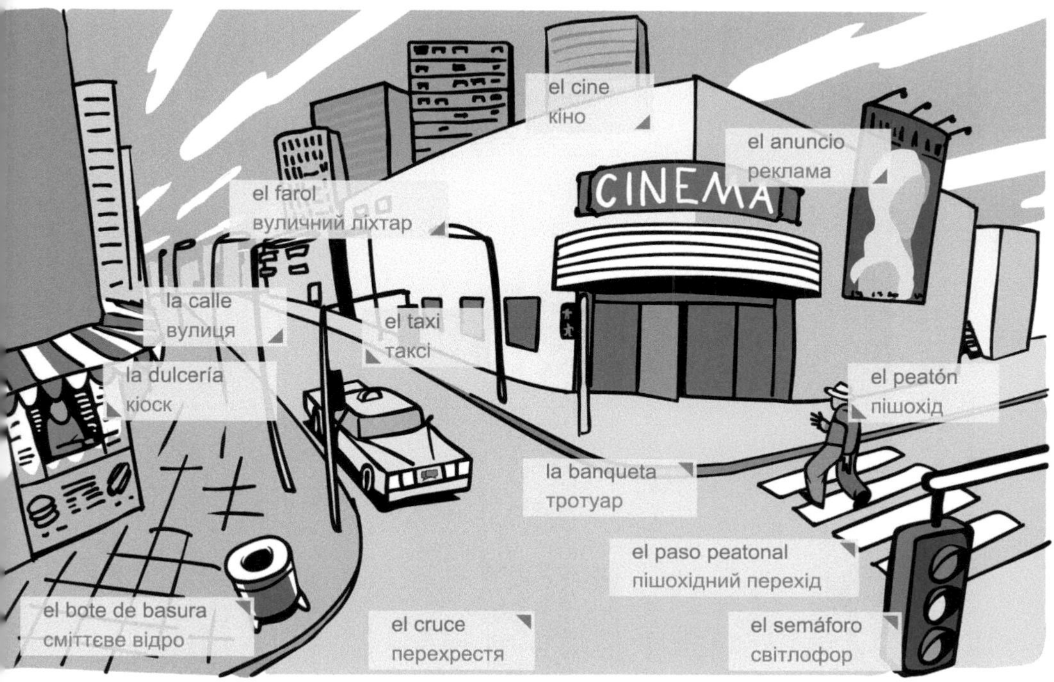

el cine
кіно

el anuncio
реклама

el farol
вуличний ліхтар

CINEMA

la calle
вулиця

el taxi
таксі

la dulcería
кіоск

el peatón
пішохід

la banqueta
тротуар

el paso peatonal
пішохідний перехід

el bote de basura
сміттєве відро

el cruce
перехрестя

el semáforo
світлофор

la cabaña
хатина

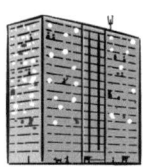

el apartamento
квартира

la estación de tren
вокзал

el ayuntamiento
ратуша

el museo
музей

la escuela
школа

la ciudad - місто

la universidad

університет

el banco

банк

el hospital

лікарня

el hotel

готель

la farmacia

аптека

la oficina

офіс

la librería

книжковий магазин

la tienda

магазин

la florería

квітковий магазин

el supermercado

супермаркет

el mercado

ринок

las grandes tiendas

універмаг

la pescadería

торговець рибою

el centro comercial

торговельний центр

el puerto

гавань

el parque

парк

el banco

лава

el puente

міст

las escaleras

сходи

el metro

метро

el túnel

тунель

la parada de autobús

автобусна зупинка

el bar

бар

el restaurante

ресторан

el buzón

поштова скринька

el letrero

вулична табличка

el parquímetro

лічильник паркування

el zoológico

зоопарк

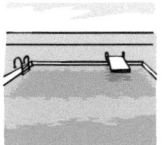

la alberca

басейн

la mezquita

мечеть

la ciudad - місто

la granja

ферма

la contaminación

забруднення
навколишнього
середовища

el cementerio

кладовище

la iglesia

церква

el área de niños

дитячий майданчик

el templo

храм

el paisaje
ландшафт

la hoja
листок

la señal
вказівний стовп

el camino
шлях

la pradera
луг

la piedra
камінь

el árbol
дерево

el caminante
мандрівник

el río
річка

el pasto
трава

la flor
квітка

el valle

долина

la montaña

гора

el lago

озеро

el bosque

ліс

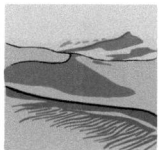

el desierto

пустеля

el volcán

вулкан

el castillo

замок

el arco iris

веселка

el champiñón

гриб

la palmera

пальма

el mosquito

комар

la mosca

муха

la hormiga

мурашка

la abeja

бджола

la araña

павук

el escarabajo

жук

la rana

жаба

la ardilla

вивірка

el erizo

їжак

la liebre

заєць

la lechuza

сова

el pájaro

птах

el cisne

лебідь

el jabalí

кабан

el ciervo

олень

el alce

лось

el embalse

гребля

la turbina eólica

вітряк

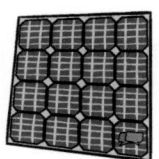

el panel solar

сонячний модуль

el clima

клімат

el restaurante

ресторан

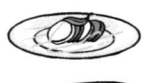

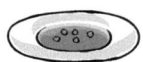

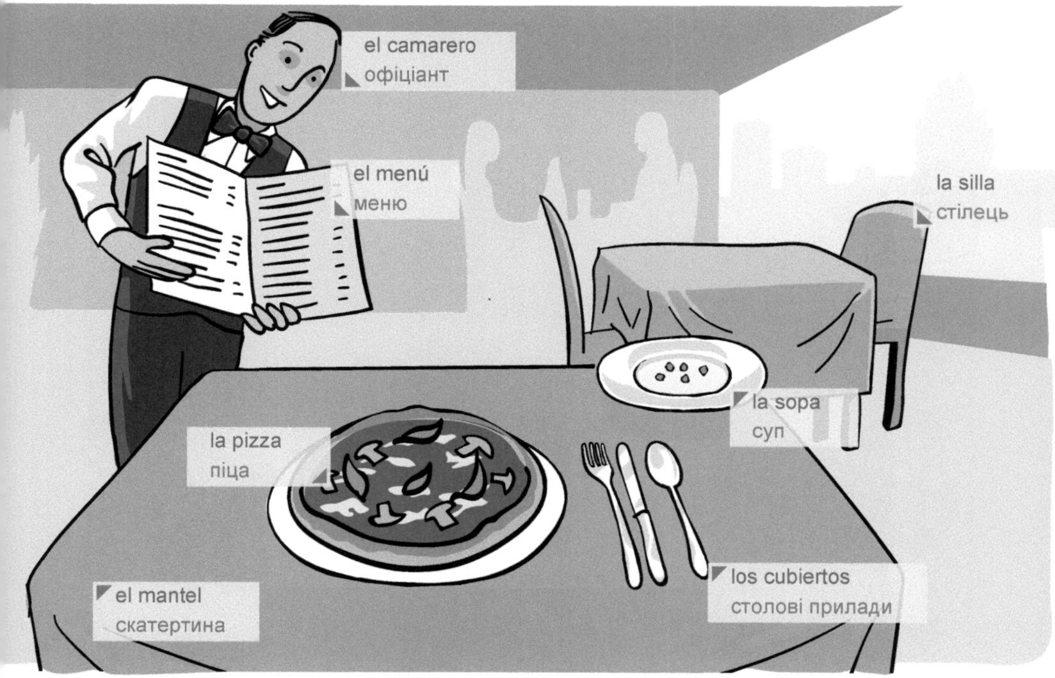

el camarero
офіціант
el menú
меню
la silla
стілець
la sopa
суп
la pizza
піца
los cubiertos
столові прилади
el mantel
скатертина

la entrada

закуска

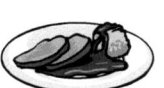

el plato fuerte

друга страва

el postre

десерт

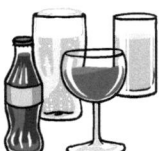

las bebidas

напої

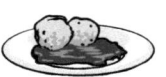

la comida

їжа

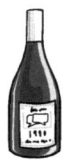

la botella

пляшка

la comida rápida

фаст-фуд

la comida de la calle

вулична їжа

la tetera

чайник

la azucarera

цукорниця

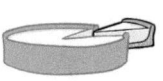

la porción

порція

la cafetera espresso

еспресо-машина

la periquera

високий стільчик

la cuenta

рахунок

la charola

піднос

el cuchillo

ніж

el tenedor

вилка

la cuchara

ложка

la cuchara de té

чайна ложка

la servilleta

серветка

el vaso

склянка

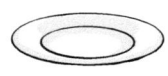

el plato

тарілка

el plato hondo

тарілка для супу

el plato

блюдце

la salsa

соус

el salero

солонка

el molino para pimienta

млин для перцю

el vinagre

оцет

el aceite

масло

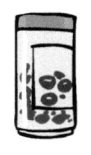

las especias

спеції

el kétchup

кетчуп

la mostaza

гірчиця

la mayonesa

майонез

el supermercado
супермаркет

la oferta especial
пропозиція
FOR
el cliente
клієнт
los productos lácteos
молочні продукти
la fruta
фрукти
el carrito para compras
візок для покупок

BUTCHERS

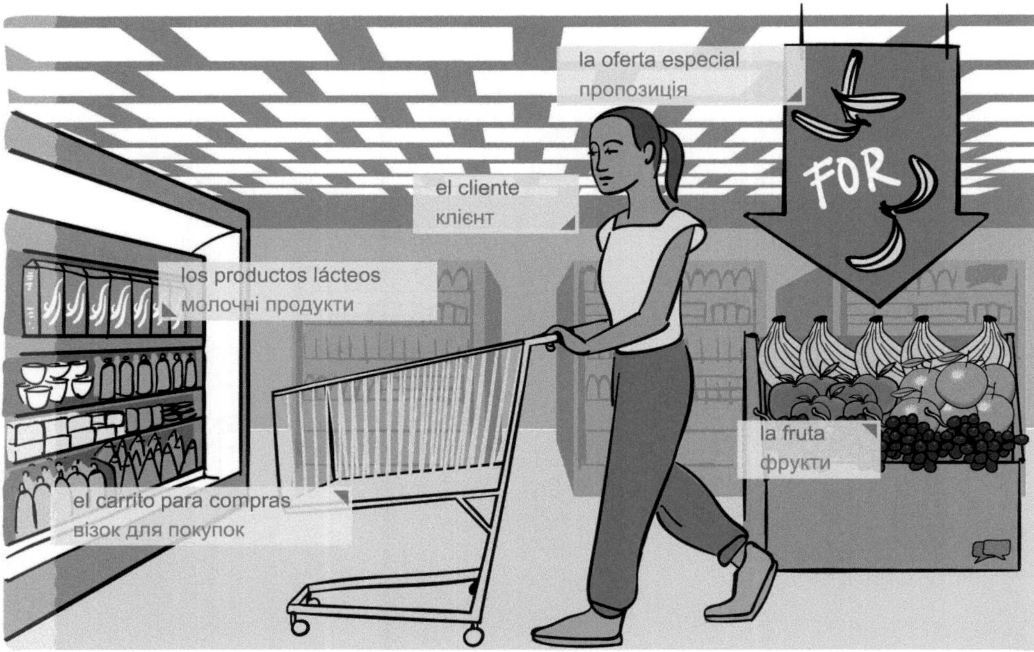

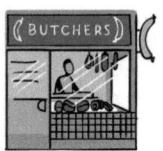

la carnicería

м'ясний магазин

BAKERY

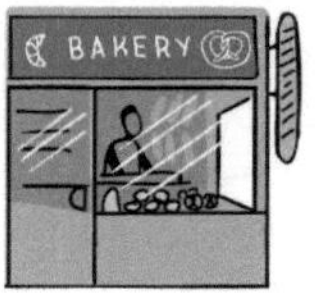

la panadería

пекарня

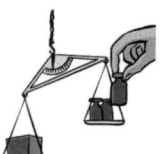

pesar

зважувати

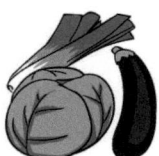

los vegetales

овочі

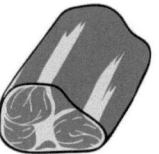

la carne

м'ясо

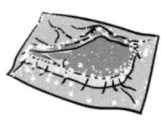

los alimentos congelados

заморожені продукти

las carnes frías

ковбасна нарізка

los alimentos enlatados

консерви

el detergente en polvo

пральний порошок

los dulces

солодощи

los electrodomésticos

предмети домашнього побуту

productos de limpieza

мийний засіб

la vendedora

продавщиця

la caja

каса

el cajero

касир

la lista de compras

список покупок

el horario de atención al público

часи роботи

la cartera

гаманець

la tarjeta de crédito

кредитна картка

la bolsa

сумка

la bolsa de plástico

поліетиленовий пакет

el supermercado - супермаркет

el agua

вода

el jugo

сік

la leche

молоко

el refresco de cola

кола

el vino

вино

la cerveza

пиво

el alcohol

алкоголь

el cacao

какао

el té

чай

el café

кава

el espresso

еспресо

el cappuccino

капучіно

el plátano

банан

la manzana

яблуко

la naranja

апельсин

el melón

кавун

el limón

лимон

la zanahoria

морква

el ajo

часник

el bambú

бамбук

la cebolla

цибуля

el champiñón

гриб

las nueces

горішки

los fideos

локшина

los espaguetis

спагеті

el arroz

рис

la ensalada

салат

las patatas fritas

картопля фрі

las patatas fritas

смажена картопля

la pizza

піца

la hamburguesa

гамбургер

el emparedado

бутерброд

el filete

шніцель

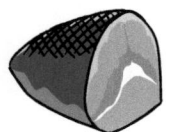

el jamón

шинка

el salami

салямі

la salchicha

ковбаса

el pollo

курка

el asado

печеня

el pescado

риба

los copos de avena

вівсяні пластівці

el muesli

мюслі

los copos de maíz

кукурудзяні пластівці

la harina

борошно

el cuernito

круасан

el bolillo

булочка

el pan

хліб

la tostada

тостовий хліб

las galletas

печиво

la mantequilla

масло

la cuajada

сир

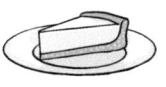

el pastel

пиріг

el huevo

яйце

el huevo frito

яєчня

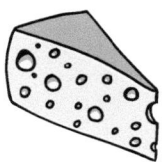

el queso

сир

el helado

морозиво

el azúcar

цукор

la miel

мед

la mermelada

мармелад

la crema de chocolate

нуга-крем

el curry

карі

la granja
ферма

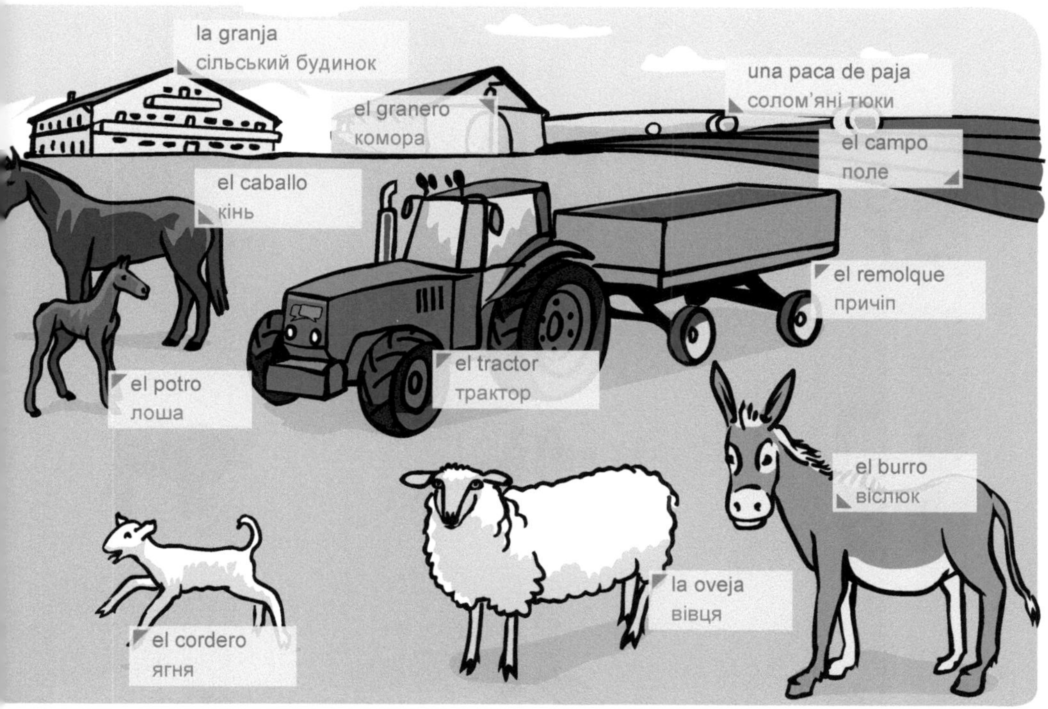

la granja
сільський будинок
el granero
комора
una paca de paja
солом'яні тюки
el campo
поле
el caballo
кінь
el remolque
причіп
el potro
лоша
el tractor
трактор
el burro
віслюк
la oveja
вівця
el cordero
ягня

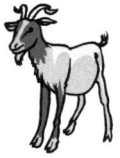

la cabra

коза

la vaca

корова

el ternero

теля

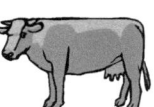

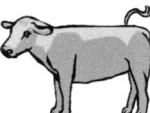

el cerdo

свиня

el lechón

порося

el toro

бик

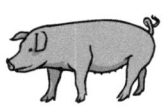

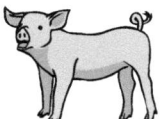

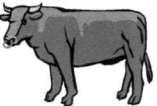

el ganso

гусак

el pato

качка

el pollo

курча

la gallina

курка

el gallo

півень

la rata

щур

el gato

кіт

el ratón

миша

el buey

віл

el perro

собака

la casa del perro

собача будка

la manguera

садовий шланг

la regadera

лійка

la guadaña

коса

el arado

плуг

la hoz

серп

el azadón

мотика

la horquilla

вила

el hacha

сокира

la carretilla

тачка

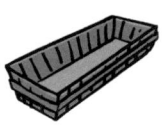

el bebedero

корито

el bote de leche

бідон молока

el saco

мішок

la valla

паркан

el establo

хлів

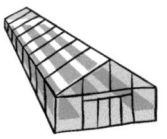

el invernadero

теплиця

el suelo

ґрунт

la semilla

насіння

el fertilizador

добриво

la cosechadora

комбайн

cosechar

пожинати

la cosecha

урожай

el camote

корінь ямсу

el trigo

пшениця

la soja

соя

la patata

картопля

el maíz

кукурудза

la semilla de colza

ріпак

el árbol frutal

плодове дерево

la mandioca

маніок

las cereales

злаки

la casa

дім

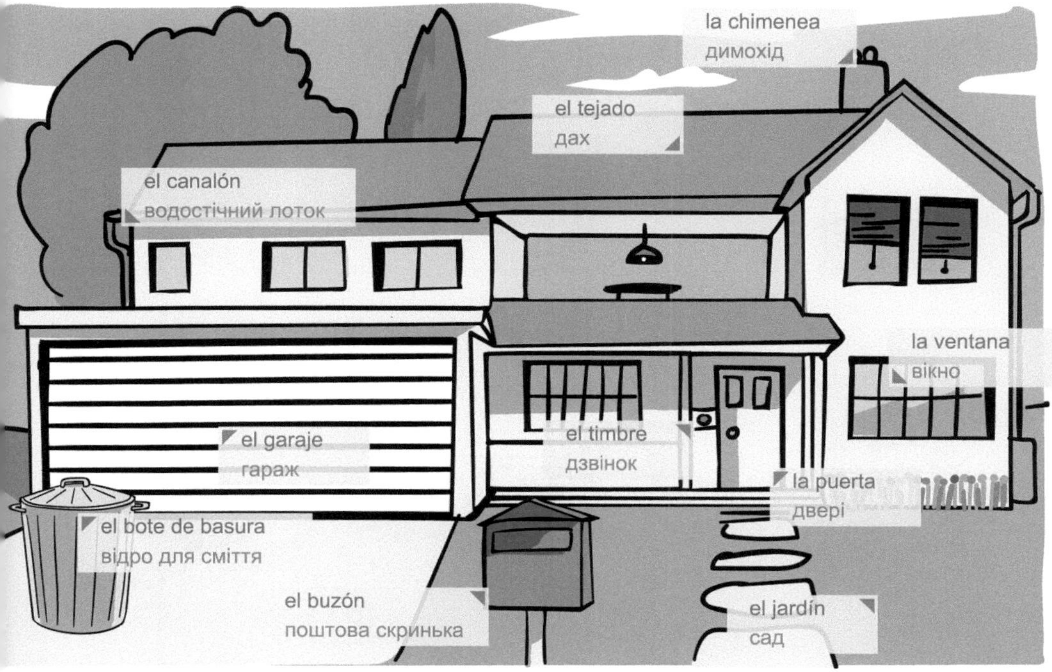
la chimenea
димохід
el tejado
дах
el canalón
водостічний лоток
la ventana
вікно
el garaje
гараж
el timbre
дзвінок
la puerta
двері
el bote de basura
відро для сміття
el buzón
поштова скринька
el jardín
сад

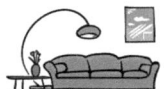

la estancia

вітальня

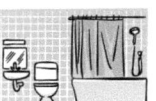

el baño

ванна кімната

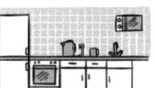

la cocina

кухня

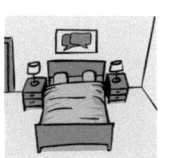

la recámara

спальня

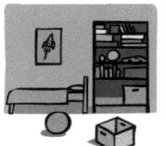

la recámara de los niños

дитяча кімната

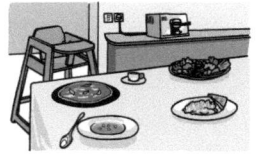

el comedor

їдальня

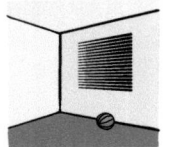

el suelo

підлога

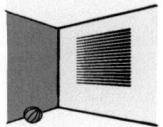

la pared

стіна

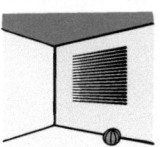

el techo

стеля

el sótano

підвал

el sauna

сауна

el balcón

балкон

la terraza

тераса

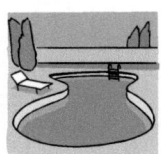

la alberca

басейн

el cortacésped

косарка

la sábana

простирало

la colcha

ковдра

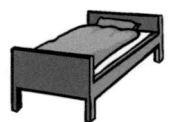

la cama

ліжко

la escoba

мітла

el balde

відро

el interruptor

перемикач

la estancia
вітальня

el papel para empapelar
шпалери
la imagen
малюнок
la lámpara
лампа
el estante
поличка
la alacena
шафа
la chimenea
камін
la televisión
телевізор
la flor
квітка
el cojín
подушка
el sofá
диван
el florero
ваза
el control remoto
пульт

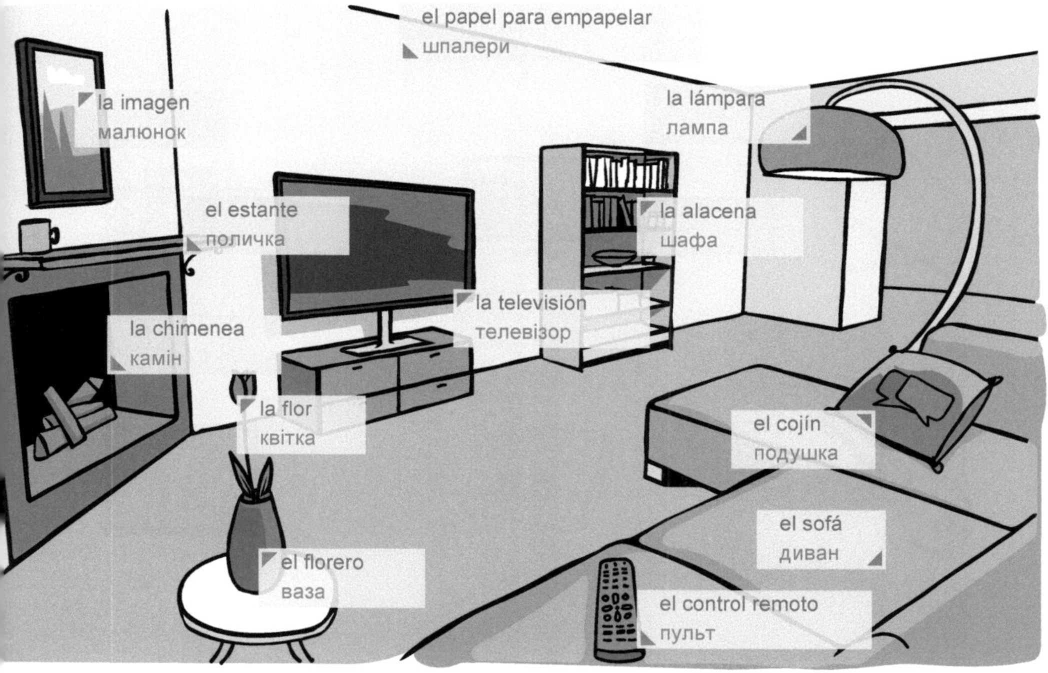

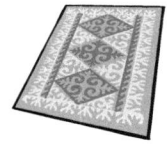

la alfombra

килим

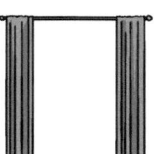

la cortina

завіса

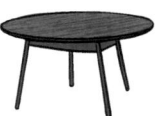

la mesa

стіл

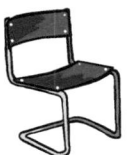

la silla

стілець

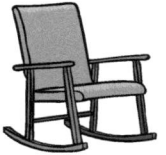

la mecedora

крісло-гойдалка

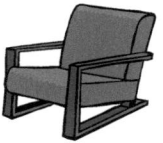

el sillón

крісло

el libro

книга

la frazada

ковдра

la decoración

прикраса

la leña

дрова

la película

фільм

el equipo de música

стереосистема

la llave

ключ

el periódico

газета

la pintura

картина

el póster

плакат

la radio

радіо

el cuaderno

блокнот

la aspiradora

пилосос

el cactus

кактус

la vela

свічка

la cocina
кухня

el refrigerador
холодильник
el microondas
мікрохвильова піч
la báscula de cocina
кухонні ваги
la tostadora
тостер
el detergente
мийний засіб
el horno
піч
el congelador
морозильне відділення
el bote de basura
відро для сміття
el lavavajillas
посудомийна машина

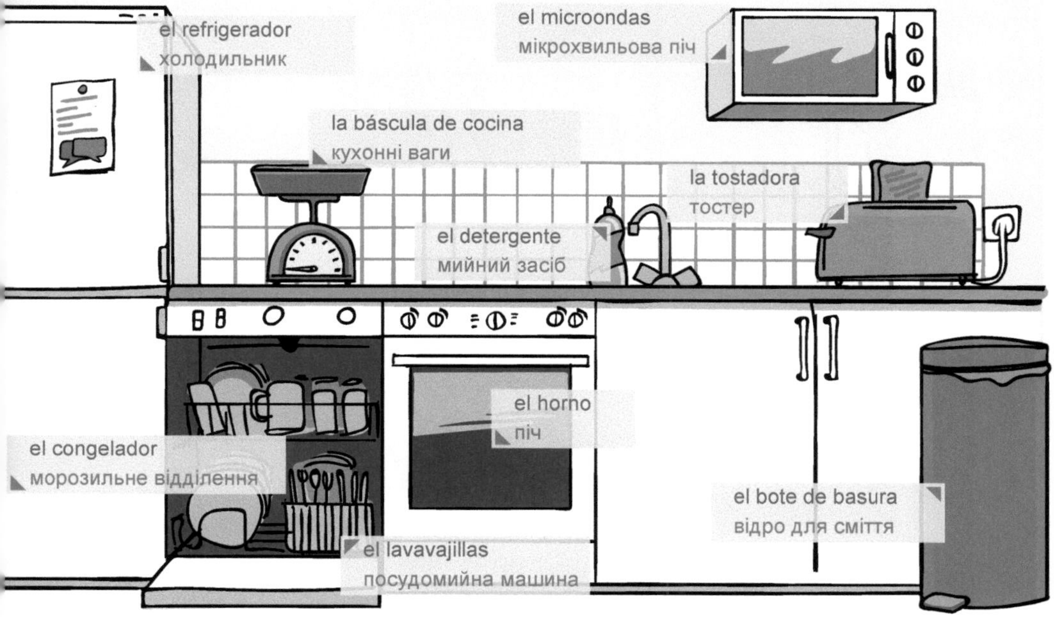

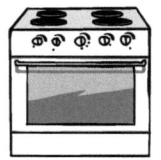

la olla a presión
плита

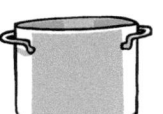

la olla
горщик

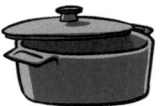

la olla de hierro fundido
чавунний горщик

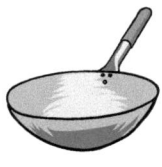

el wok
вок / кадай

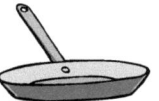

la sartén
сковорода

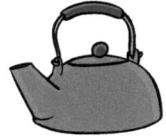

el hervidor
чайник

la vaporera

пароварка

la charola de horno

лист

la loza

посуд

la taza

кухоль

el bol

чаша

los palillos

палички для їжі

el cucharón

черпак

la espátula

лопатка

la batidora

вінчик для збивання

el colador

сито

el colador

сито

el rallador

терка

el mortero

ступка

la barbacoa

барбекю

la fogata

багаття

la tabla para picar

дошка

el rodillo para amasar

качалка

el sacacorchos

штопор

la lata

конзерва

el abrelatas

відкривачка

el guante de cocina

прихватки

el fregadero

раковина

el cepillo

щітка

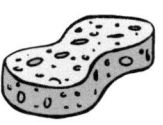

la esponja

губка

la batidora

міксер

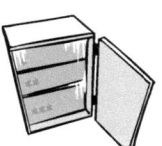

el congelador

морозильна камера

el biberón

дитяча пляшка

la llave

кран

el baño

ванна кімната

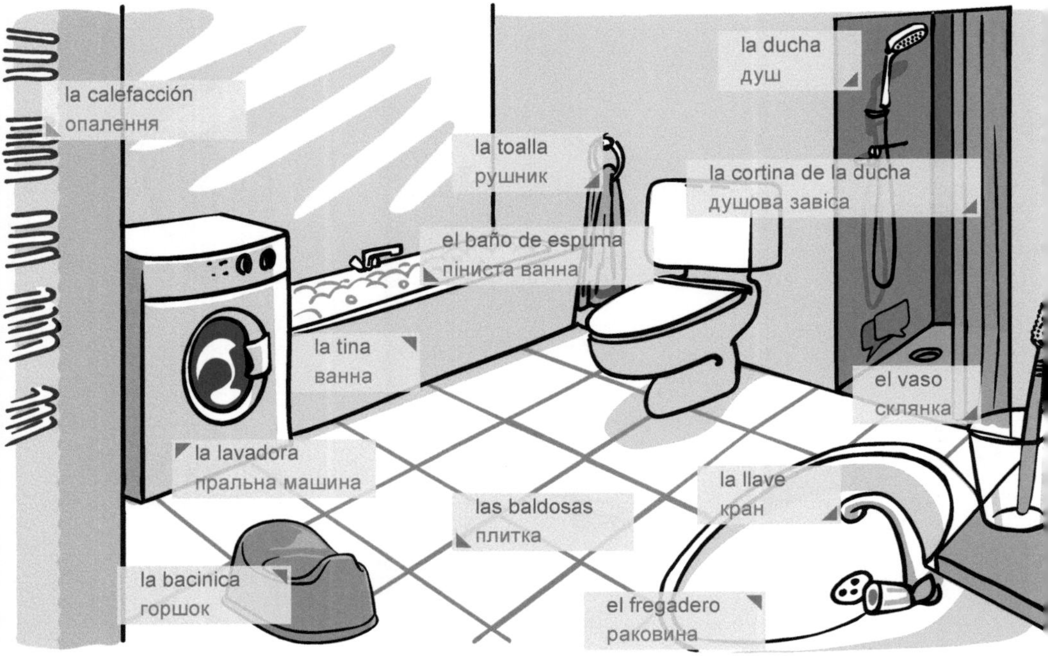

la calefacción
опалення
la toalla
рушник
la ducha
душ
la cortina de la ducha
душова завіса
el baño de espuma
пíниста ванна
la tina
ванна
el vaso
склянка
la lavadora
пральна машина
la llave
кран
las baldosas
плитка
la bacinica
горшок
el fregadero
раковина

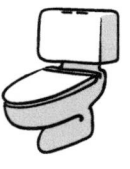

el inodoro

туалет

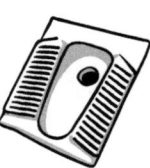

la letrina

підлоговий туалет

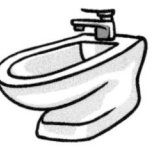

el bidé

біде

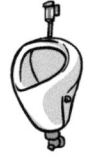

el mingitorio

пісуар

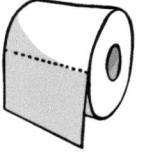

el papel higiénico

туалетний папір

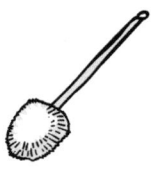

el cepillo para baño

щітка для туалету

el cepillo de dientes

зубна щітка

la pasta dental

зубна паста

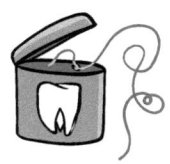

el hilo dental

нитка для чищення зубів

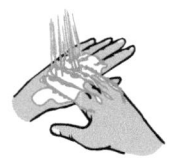

lavar

мити

la ducha de mano

ручний душ

la ducha vaginal

інтимний душ

el fregadero

таз

el cepillo de espalda

щітка для спини

el jabón

мило

el gel de ducha

гель для душу

el champú

шампунь

la toallita

мочалка

el drenaje

водостік

la crema

крем

el desodorante

дезодорант

el baño - ванна кімната

el espejo

дзеркало

el espejo de tocador

косметичне дзеркало

la máquina para afeitar

бритва

la espuma de afeitar

піна для гоління

la loción para después de afeitar

лосьйон після гоління

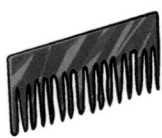

el peine

гребінь

el cepillo

щітка

la secadora

фен

la laca

лак для волосся

el maquillaje

косметика

el lápiz labial

губна помада

el esmalte para uñas

лак для нігтів

el algodón

вата

las tijeras para uñas

ножиці для нігтів

el perfume

парфум

el estuche para cosméticos

косметичка

el taburete

табурет

la báscula

ваги

la bata

халат

los guantes de goma

гумові рукавички

el tampón

тампон

la toalla sanitaria

гігієнічні прокладки

el baño móvil

біотуалет

la recámara de los niños

дитяча кімната

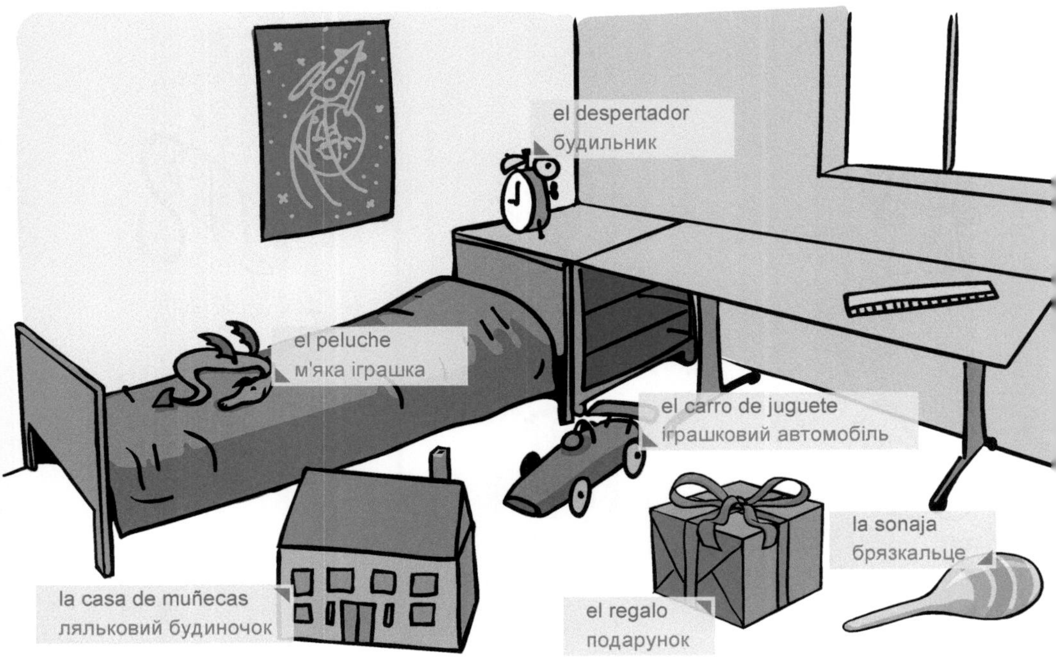
el despertador
будильник
el peluche
м'яка іграшка
el carro de juguete
іграшковий автомобіль
la sonaja
брязкальце
la casa de muñecas
ляльковий будиночок
el regalo
подарунок

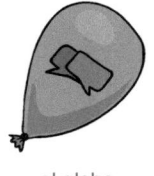

el globo

повітряна кулька

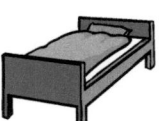

la cama

ліжко

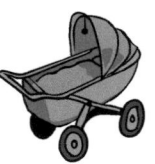

la carriola

дитячий візок

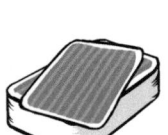

las cartas

картярська гра

el rompecabezas

пазл

SUPER
MEGA

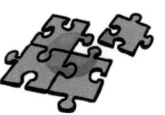

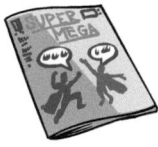

el cómic

комікс

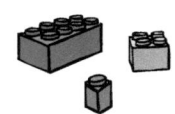

las piezas de lego

лего цеглинки

los bloques para jugar

блоки

la figura de acción

іграшкова фігурка

el mameluco

повзунки

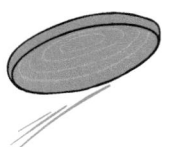

el frisbee

фризбі

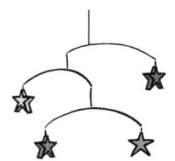

el móvil para bebés

мобіле

el juego de mesa

настільна гра

los dados

кубик

el tren eléctrico

модель залізнична станція

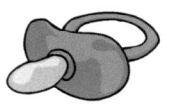

el maniquí

соска

la fiesta

вечірка

el álbum de fotos

книжка з картинками

el balón

м'яч

la muñeca

лялька

jugar

грати

el arenero

пісочниця

el columpio

гойдалка

los juguetes

іграшка

la consola de videojuegos

гральна консоль

el triciclo

триколісний велосипед

el oso de peluche

плюшевий мішка

el clóset

шафа

la ropa

одяг

los calcetines

шкарпетки

las pantimedias

панчохи

las mallas

колготки

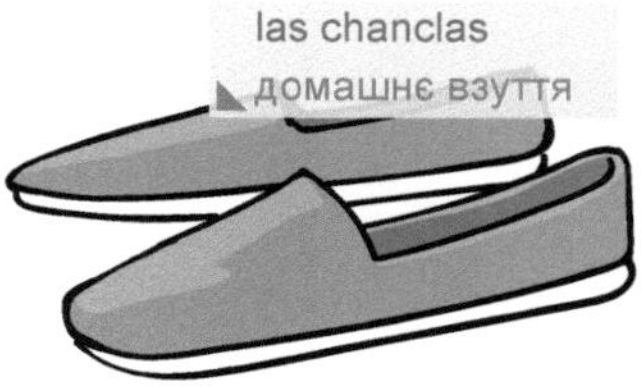

la bufanda
шарф

el paraguas
парасоля

la playera
футболка

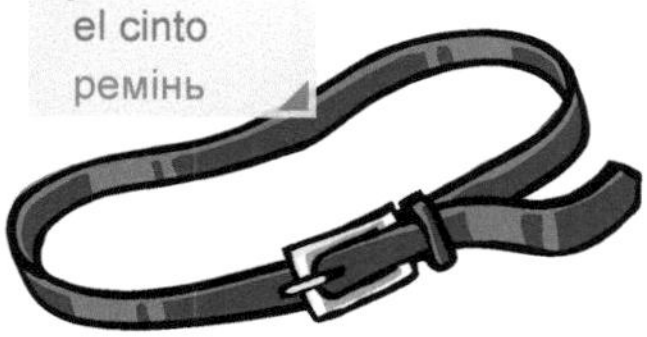

el cinto
ремінь

las botas
чоботи

las chanclas
домашнє взуття

los tenis
кросівки

las sandalias
сандалі

los zapatos
взуття

las botas de goma
гумові чоботи

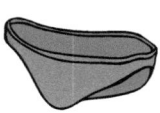
la ropa interior
труси

el brasier
бюстгальтер

el chaleco
нижня сорочка

el body

боді

los pantalones

штани

los pantalones de mezclilla

джинси

la falda

спідниця

la blusa

блузка

la camisa

сорочка

el suéter

пуловер

la sudadera

светр

el saco sport

піджак

la chamarra

куртка

el abrigo

пальто

el impermeable

дощовик

el traje

костюм

el vestido

сукня

el vestido de novia

весільна сукня

el traje

костюм

el camisón

нічна сорочка

el pijama

піжама

el sari

сарі

el pañuelo para la cabeza

головна хустка

el turbante

чалма

la burka

бурка

el caftán

кафтан

la abaya

абая

el traje de baño

купальник

el short de baño

плавки

los shorts

шорти

los pants

тренувальний костюм

el delantal

фартух

los guantes

рукавички

el botón

гудзик

las gafas

окуляри

el brazalete

браслет

el collar

ланцюг

el anillo

кільце

el arete

сережка

la gorra

шапка

el gancho

плічка

el sombrero

капелюх

la corbata

краватка

el cierre

застібка-блискавка

el casco

шолом

los tirantes

підтяжки

el uniforme

шкільна форма

el uniforme

уніформа

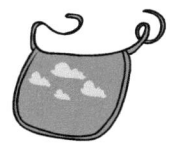

el babero

нагрудник

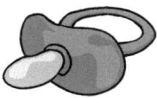

el maniquí

соска

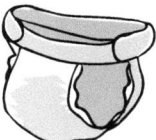

el pañal

підгузок

la oficina

офіс

el servidor
сервер
el archivo
шаф для документів
la impresora
принтер
el papel
папір
el monitor
монітор
el mouse
миша
el escritorio
письмовий стіл
la carpeta
папка
el teclado
синтезатор
el bote de basura
кошик для паперу
la computadora
комп'ютер
la silla
стілець

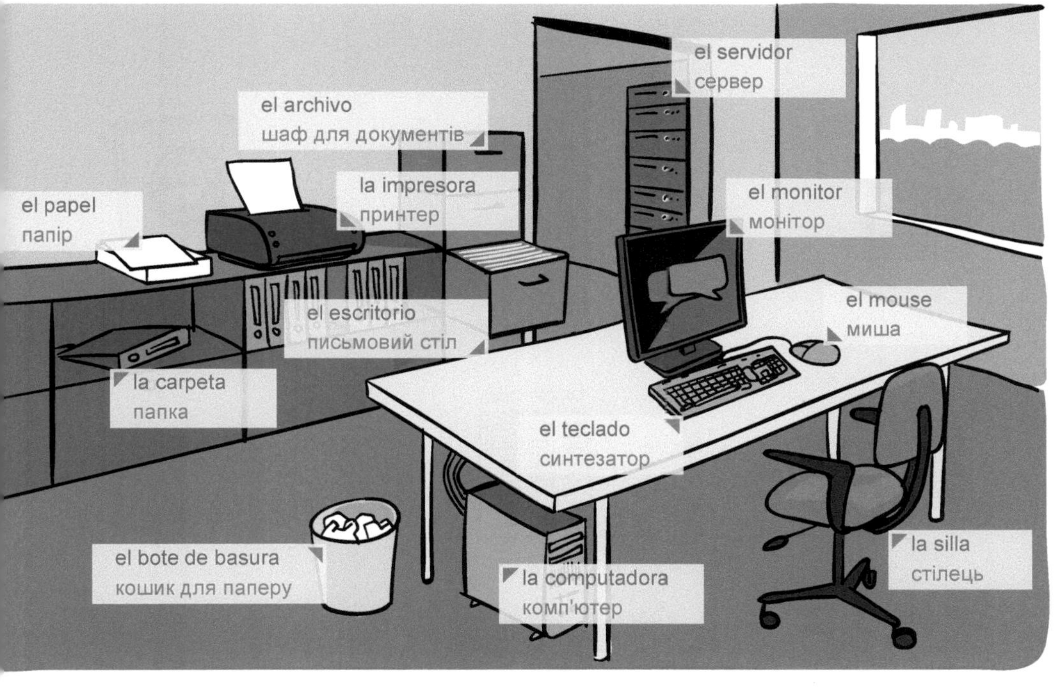

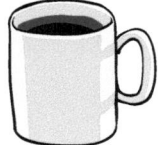

la taza de café

кавовий кухоль

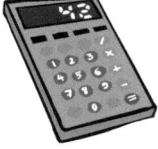

la calculadora

калькулятор

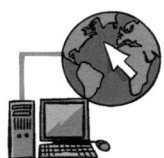

el internet

інтернет

la notebook
ноутбук

la carta
лист

el mensaje
повідомлення

el móvil
мобільний телефон

la red
мережа

la fotocopiadora
копіювальний пристрій

el software
програмне забезпечення

el teléfono
телефон

el tomacorriente
розетка

el fax
факс

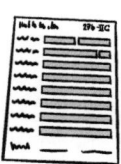

el formulario
бланк

el documento
документ

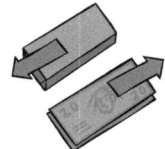

comprar

купувати

pagar

платити

hacer negocios

торгувати

el dinero

гроші

el dólar

долар

el euro

євро

el yen

ієна

el rublo

рубль

el franco suizo

франк

el yuan

юанів женьміньбі

la rupia

рупія

el cajero automático

банкомат

la casa de cambio

обмінний пункт

el oro

золото

la plata

срібло

el petróleo

нафта

la energía

енергія

el precio

ціна

el contrato

контракт

el impuesto

податок

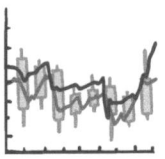

la acción

акція

trabajar

працювати

el empleado

працівник

el empleador

роботодавець

la fábrica

фабрика

la tienda

магазин

las ocupaciones

професії

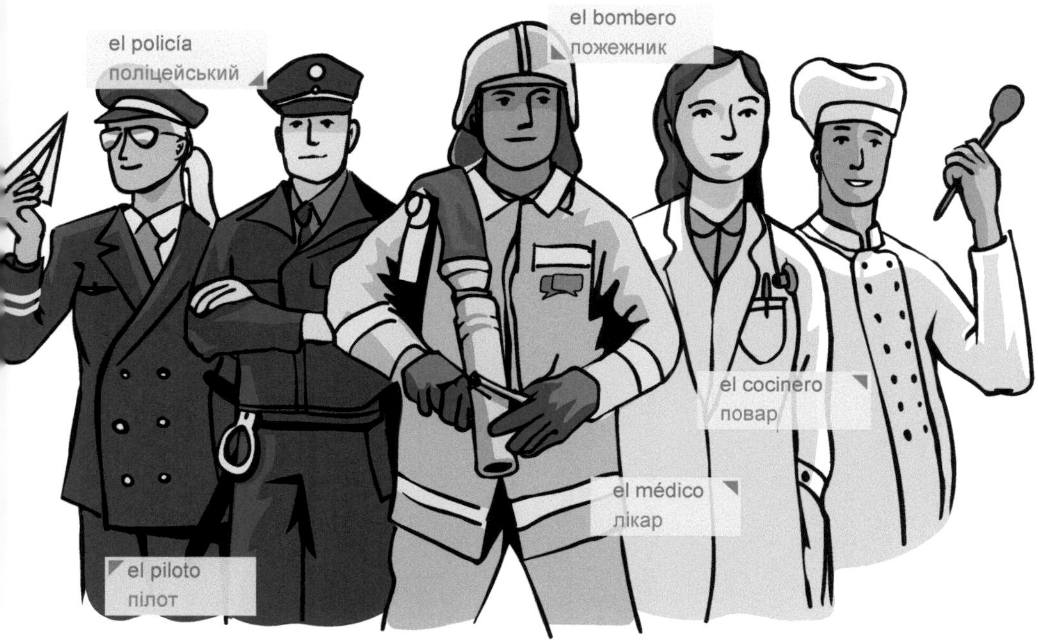

el policía
поліцейський
el bombero
пожежник
el cocinero
повар
el médico
лікар
el piloto
пілот

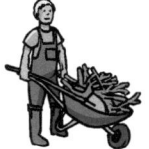

el jardinero

садівник

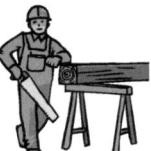

el carpintero

столяр

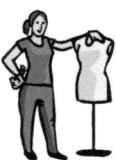

la costurera

швачка

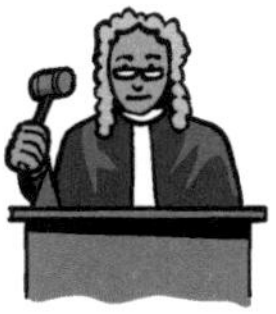

el juez

суддя

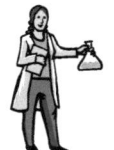

el farmacéutico

хімік

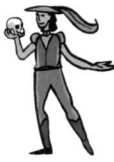

el actor

актор

el conductor de autobús

водій автобуса

el taxista

таксист

el pescador

рибалка

la señora de la limpieza

прибиральниця

el instalador de techos

покрівельник

el camarero

офіціант

el cazador

мисливець

el pintor

художник

el panadero

пекар

el electricista

електрик

el obrero

будівельник

el ingeniero

інженер

el carnicero

забійник

el plomero

бляхар

el cartero

листоноша

el soldado

солдат

el arquitecto

архітектор

el cajero

касир

el florista

флорист

el peluquero

перукар

el cobrador

кондуктор

el mecánico

механік

el capitán

капітан

el dentista

дантист

el científico

вчений

el rabino

рабин

el imán

імам

el monje

монах

el sacerdote

пастор

las herramientas
інструменти

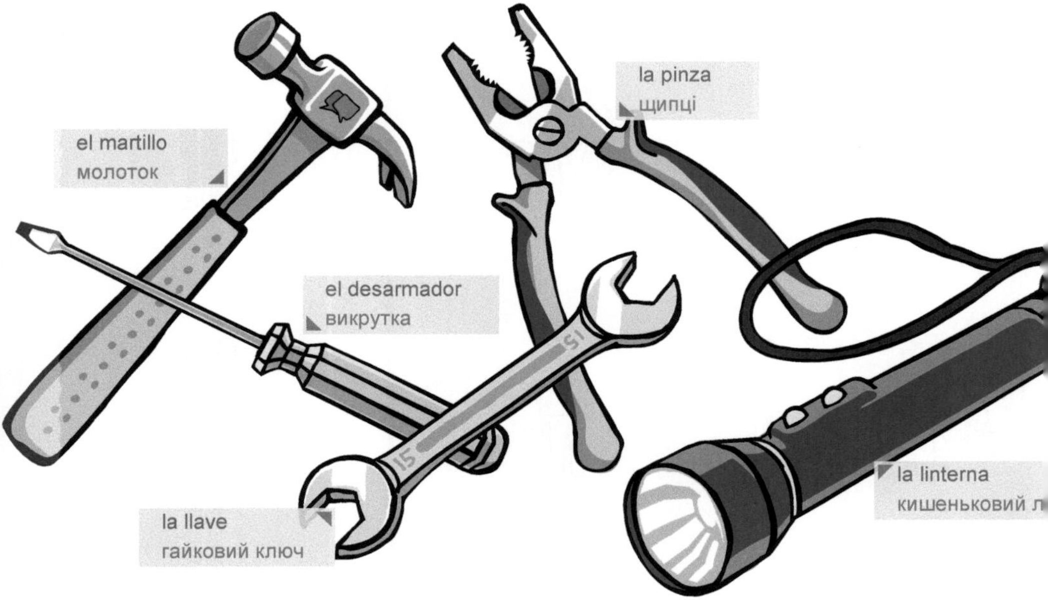
la pinza
щипці
el martillo
молоток
el desarmador
викрутка
la linterna
кишеньковий л
la llave
гайковий ключ

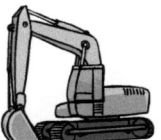

la excavadora
екскаватор

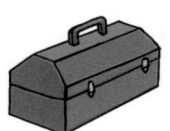

la caja de herramientas
ящик для інструментів

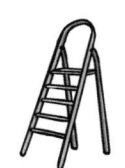

la escalera de mano
драбина

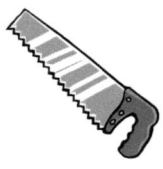

la sierra
пилка

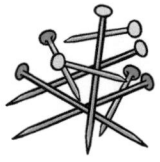

los clavos
цвяхи

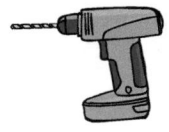

el taladro
свердло

reparar

ремонтувати

la pala

лопата

¡Maldición!

лайно!

el recogedor

совок

el bote de pintura

відро з фарбою

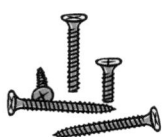

los tornillos

гвинти

los instrumentos musicales
музичні інструменти

la batería
ударна установка

el altavoz
динамік

la guitarra
гітара

el contrabajo
контрабас

la trompeta
труба

el piano

фортепіано

el violín

скрипка

el bajo

бас

los timbales

литаври

el tambor

барабан

el teclado

клавіатура

el saxofón

саксофон

la flauta

флейта

el micrófono

мікрофон

el zoológico

зоопарк

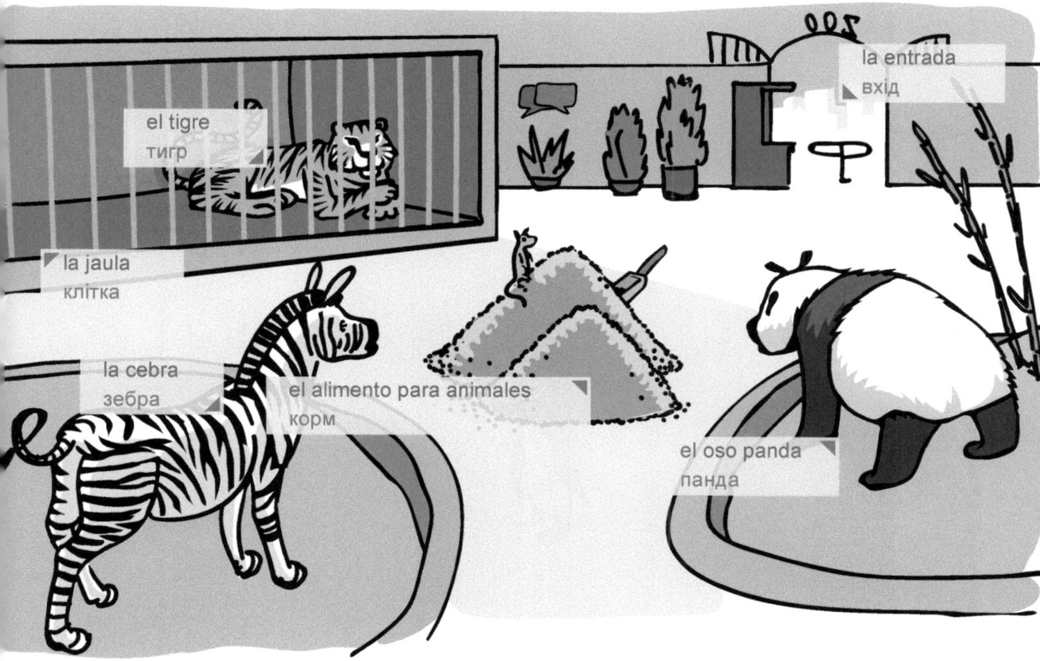

la entrada
вхід
el tigre
тигр
la jaula
клітка
la cebra
зебра
el alimento para animales
корм
el oso panda
панда

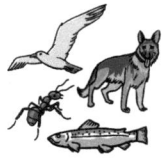

los animales

тварини

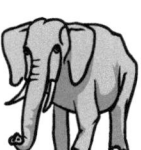

el elefante

слон

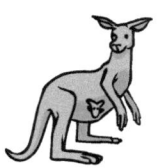

el canguro

кенгуру

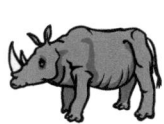

el rinoceronte

носоріг

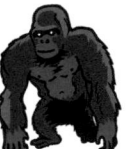

el gorila

горила

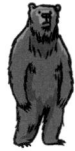

el oso

ведмідь

el camello

верблюд

el avestruz

страус

el león

лев

el mono

мавпа

el flamenco

фламінго

el loro

папуга

el oso polar

білий ведмідь

el pingüino

пінгвін

el tiburón

акула

el pavo real

павич

la serpiente

змія

el cocodrilo

крокодил

el guardián de zoológico

працівник зоопарку

la foca

тюлень

el jaguar

ягуар

el poni

поні

el leopardo

леопард

el hipopótamo

гіпопотам

la jirafa

жираф

el águila

орел

el jabalí

кабан

el pescado

риба

la tortuga

черепаха

la morsa

морж

el zorro

лисиця

la gacela

газель

el fútbol americano
американський футбол

el ciclismo
їзда на велосипеді

el tenis
теніс

el baloncesto
баскетбол

la natación
плавання

el boxeo
бокс

el hockey sobre hielo
хокей

el fútbol
футбол

el bádminton
бадмінтон

el atletismo
легка атлетика

el handball
гандбол

el esquí
лижні перегони

el polo
поло

saltar
стрибати

reír
сміятися

abrazar
обіймати

caminar
йти

cantar
співати

soñar
мріяти

rezar
молитися

besar
цілувати

escribir
писати

dibujar
малювати

mostrar
показувати

empujar
тиснути

dar
давати

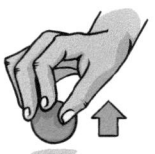

tomar
брати

tener

мати

hacer

робити

ser

бути

estar parado

стояти

correr

бігати

jalar

тягнути

arrojar

кидати

caer

падати

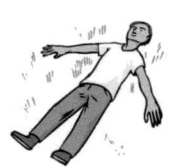

estar acostado

лежати

esperar

очікувати

llevar

носити

estar sentado

сидіти

vestirse

одягати

dormir

спати

despertar

просипатися

mirar

дивитися

llorar

плакати

acariciar

гладити

peinar

розчісувати

hablar

розмовляти

entender

розуміти

preguntar

питати

escuchar

слухати

beber

пити

comer

їсти

ordenar

прибирати

amar

любити

cocinar

варити

conducir

їхати

volar

літати

navegar

йти під вітрилом

calcular

рахувати

leer

читати

aprender

вчитися

trabajar

працювати

casarse

одружуватися

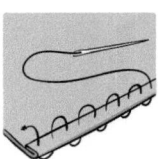

coser

шити

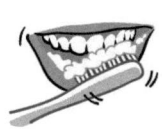

cepillarse los dientes

чистити зуби

matar

убивати

fumar

курити

enviar

посилати

la familia
сім'я

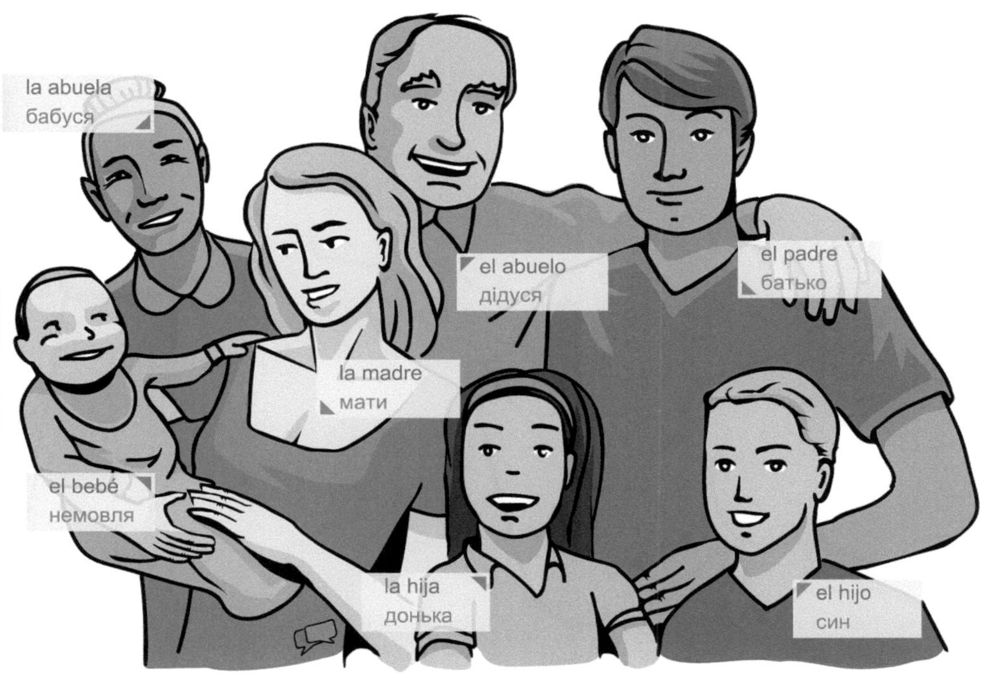
la abuela
бабуся
el abuelo
дідуся
el padre
батько
la madre
мати
el bebé
немовля
la hija
донька
el hijo
син

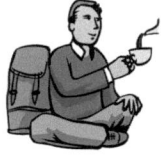

el invitado

гість

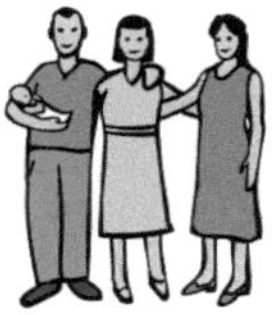

la tía

тітка

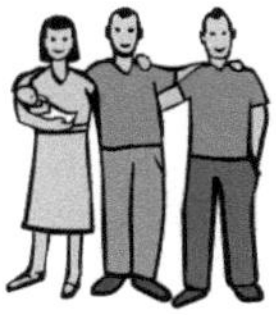

el tío

дядько

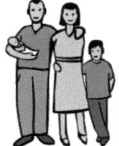

el hermano

брат

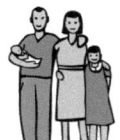

la hermana

сестра

el cuerpo

тіло

la frente
чоло
el ojo
око
el hombro
плече
el dedo
палець
la cara
обличчя
la barbilla
підборіддя
la mano
кисть
la pierna
нога
el pecho
груди
el brazo
рука

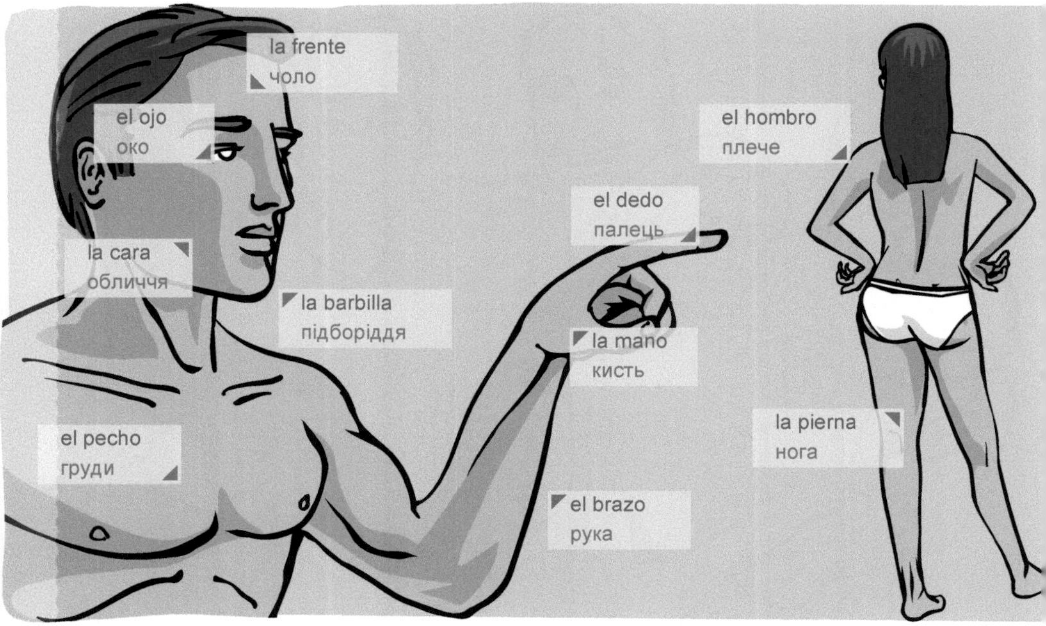

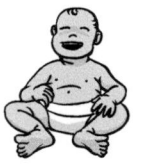

el bebé

немовля

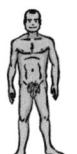

el hombre

чоловік

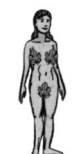

la mujer

жінка

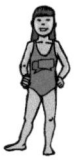

la niña

дівчина

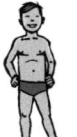

el niño

хлопчик

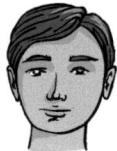

la cabeza

голова

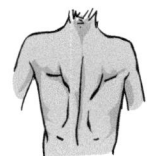

la espalda

спина

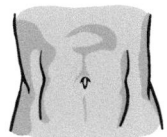

la barriga

живіт

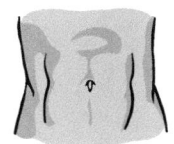

el ombligo

пуп

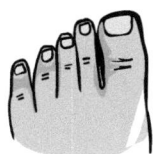

el dedo del pie

палець ноги

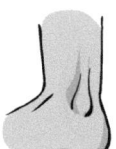

el talón

п'ята

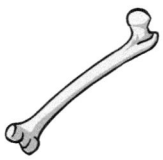

el hueso

кістка

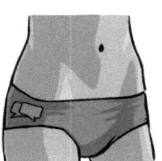

la cadera

стегно

la rodilla

коліно

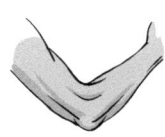

el codo

лікоть

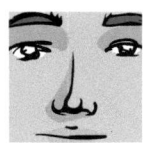

la nariz

ніс

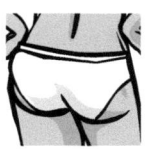

las pompis

сідниці

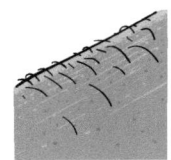

la piel

шкіра

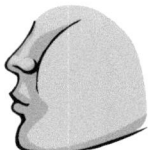

la mejilla

щока

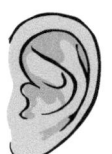

el oído

вухо

el labio

губа

la boca

рот

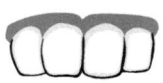

el diente

зуб

la lengua

язик

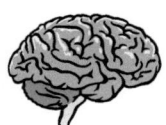

el cerebro

мозок

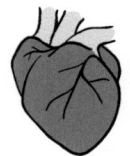

el corazón

серце

el músculo

м'яз

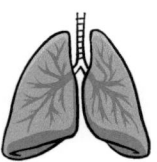

el pulmón

легені

el hígado

печінка

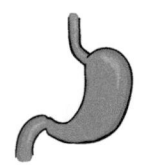

el estómago

шлунок

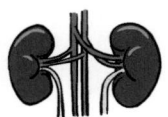

los riñones

нирки

el sexo

статевий акт

el condón

презерватив

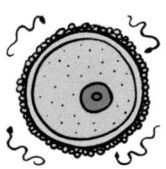

el óvulo

яйцеклітина

el semen

сперма

el embarazo

вагітність

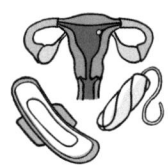

la menstruación

менструація

la vagina

вагіна

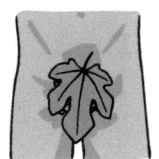

el pene

пеніс

la ceja

брова

el cabello

волосся

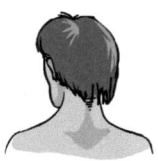

el cuello

шия

el hospital
лікарня

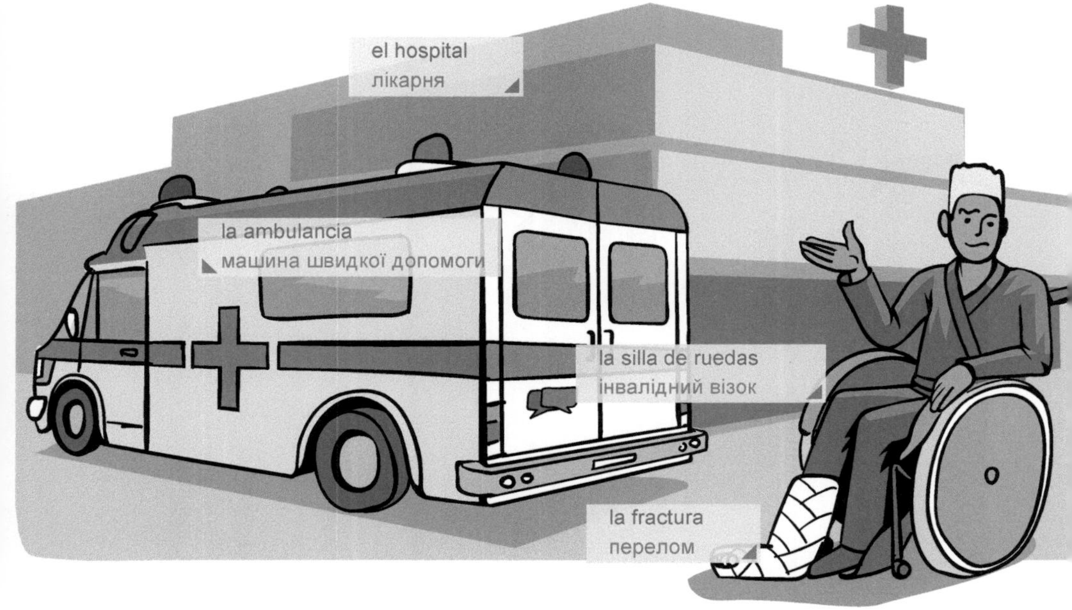

el hospital
лікарня
la ambulancia
машина швидкої допомоги
la silla de ruedas
інвалідний візок
la fractura
перелом

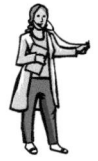

el médico

лікар

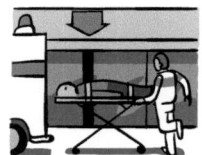

la sala de emergencias

відділення швидкої медичної допомоги

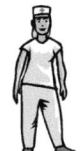

la enfermera

медсестра

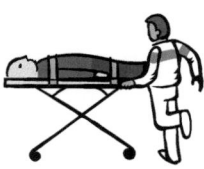

la emergencia

аварійний випадок

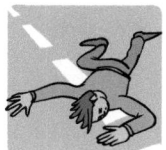

inconsciente

непритомний

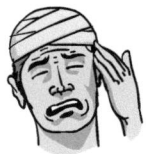

el dolor

біль

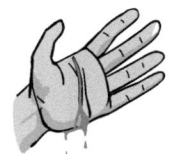

la lesión

травма

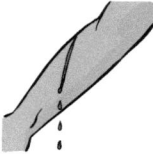

la hemorragia

кровотеча

el infarto

інфаркт

el accidente
cerebrovascular

інсульт

la alergia

алергія

la tos

кашель

la fiebre

лихоманка

la gripa

грип

la diarrea

пронос

el dolor de cabeza

головна біль

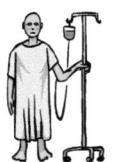

el cáncer

рак

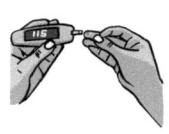

la diabetes

діабет

el cirujano

хірург

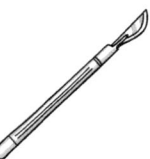

el bisturí

скальпель

la operación

операція

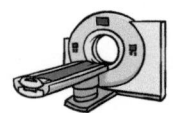

TC
КТ

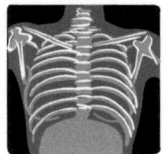

los rayos x
рентген

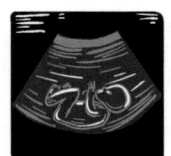

el ultrasonido
ультразвук

la mascarilla
маска

la enfermedad
хвороба

la sala de espera
зал очікування

la muleta
милиця

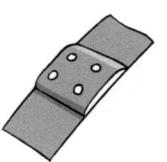

la vendita
пластир

el vendaje
пов'язка

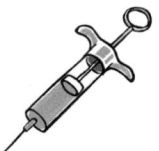

la inyección
ін'єкція

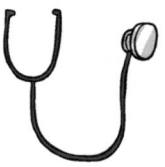

el estetoscopio
стетоскоп

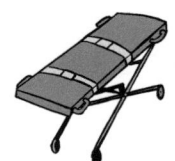

la camilla
ноші

el termómetro
термометр

el nacimiento
народження

el sobrepeso
надмірна вага

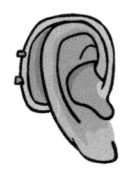

el audífono

слуховий апарат

el desinfectante

дезінфікуючий засіб

la infección

інфекція

el virus

вірус

VIH / SIDA

ВІЛ / СНІД

la medicina

медицина

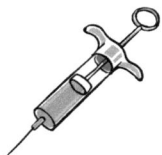

la vacunación

вакцинація

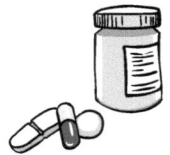

las tabletas

таблетки

la pastilla anticonceptiva

протизаплідна пігулка

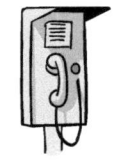

a llamada de emergencia

екстрений виклик

el medidor de presión

тонометр

enfermo / sano

хворий / здоровий

¡Socorro!

Допоможіть!

la alarma

сигнал тривоги

la agresión

напад

el ataque

атака

el peligro

небезпека

la salida de emergencia

аварійний вихід

¡Fuego!

Вогонь!

el extintor de incendios

вогнегасник

el accidente

аварія

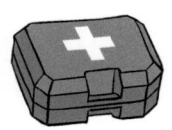

el botiquín de primeros auxilios

аптечка

SOS

COC

la policía

поліція

Europa

Європа

Norteamérica

Північна Америка

Sudamérica

Південна Америка

África

Африка

Asia

Азія

Australia

Австралія

el Atlántico

Атлантика

el Pacífico

Тихий океан

el Océano Índico

Індійський океан

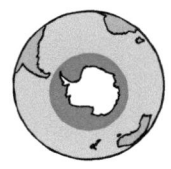

el Océano Antártico

Антарктичний океан

el Océano Ártico

Північний Льодовитий океан

el polo norte

Північний полюс

el polo sur

Південний полюс

la Antártida

Антарктика

la tierra

Земля

la tierra

суша

el mar

море

la isla

острів

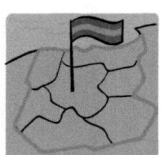

la nación

нація

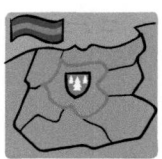

el estado

держава

la esfera

циферблат

la manecilla de las horas

годинникова стрілка

el minutero

хвилинна стрілка

el segundero

секундна стрілка

¿Qué hora es?

Котра година?

el día

день

la hora

час

ahora

зараз

el reloj digital

цифровий годинник

el minuto

хвилина

la hora

година

la semana

тиждень

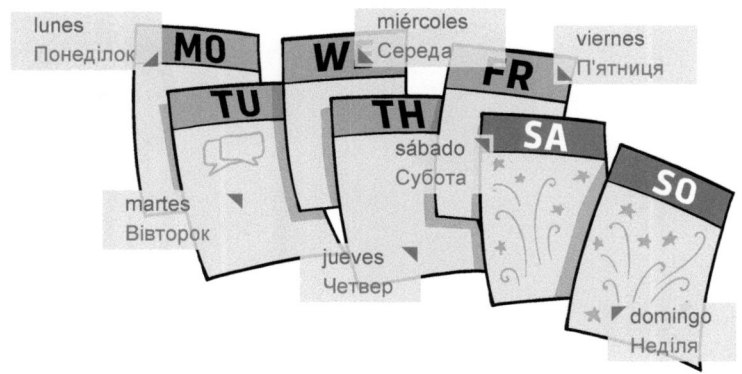

lunes / Понеділок
martes / Вівторок
miércoles / Середа
jueves / Четвер
viernes / П'ятниця
sábado / Субота
domingo / Неділя

ayer

вчора

hoy

сьогодні

mañana

завтра

la mañana

ранок

el mediodía

опівдні

la tarde

вечір

los días laborables

робочі дні

el fin de semana

кінець робочого тижня

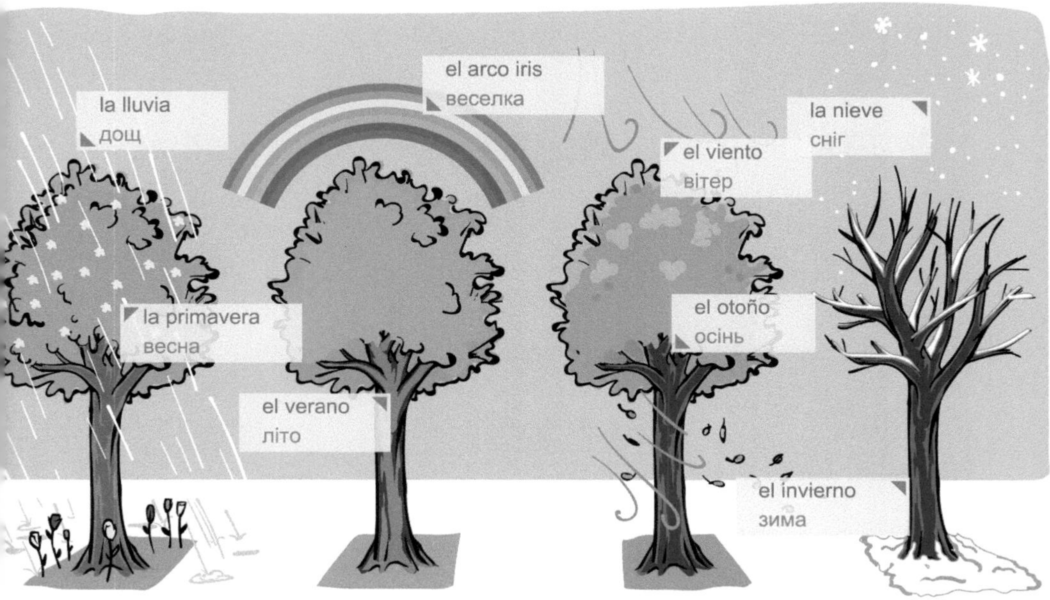

la lluvia
дощ
el arco iris
веселка
la nieve
сніг
el viento
вітер
la primavera
весна
el otoño
осінь
el verano
літо
el invierno
зима

4.APRIL 11°
5.APRIL 4°
6.APRIL 13°
7.APRIL 8°
8.APRIL 10°

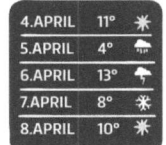

el pronóstico del tiempo

прогноз погоди

F C
120 40
90 30
60 20
30 10
0 0
-30 -10
-20

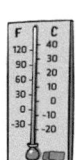

el termómetro

термометр

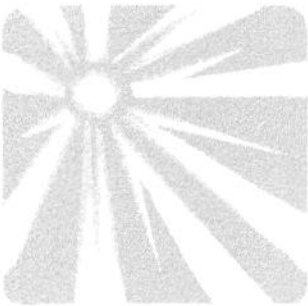

el sol

сонячне світло

la nube

хмара

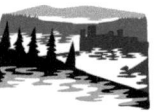

la niebla

туман

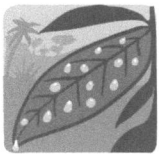

la humedad

вологість повітря

el rayo

блискавка

el trueno

грім

la tormenta

шторм

el granizo

град

el monzón

мусон

la inundación

повінь

el hielo

лід

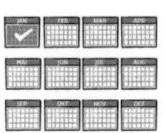

enero

Січень

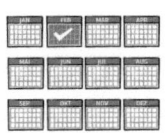

febrero

Лютий

marzo

Березень

abril

Квітень

mayo

Травень

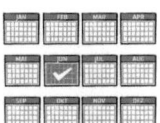

junio

Червень

julio

Липень

agosto

Серпень

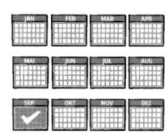

septiembre
....
Вересень

octubre
....
Жовтень

noviembre
....
Листопад

diciembre
....
Грудень

las formas
форми

el círculo
....
круг

el cuadrado
....
квадрат

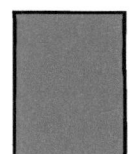

el rectángulo
....
прямокутник

el triángulo
....
трикутник

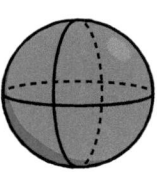

la esfera
....
куля

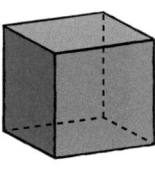

el cubo
....
куб

colores

фарби

blanco

білий

amarillo

жовтий

naranja

помаранчевий

rosa

рожевий

rojo

червоний

morado

фіолетовий

azul

синій

verde

зелений

marrón

коричневий

gris

сірий

negro

чорний

84
colores - фарби

mucho / poco

багато / мало

enojado / tranquilo

лютий / мирний

bonito / feo

гарний / бридкий

principio / fin

початок / кінець

grande / pequeño

великий / малий

claro / oscuro

світлий / темний

el hermano / la hermana

брат / сестра

limpio / sucio

чистий / брудний

completo / incompleto

завершений /
незавершений

el día / la noche

день / ніч

muerto / vivo

мертвий / живий

ancho / angosto

широкий / вузький

comestible / no comestible

їстівний / неїстівний

malo / amable

злий / дружній

entusiasmado / aburrido

збуджений / нудьгуючий

gordo / delgado

товстий / тонкий

primero / último

спочатку / востаннє

el amigo / el enemigo

друг / ворог

lleno / vacío

повний / порожній

duro / blando

жорсткий / м'який

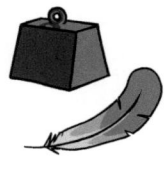

pesado / ligero

важкий / легкий

el hambre / la sed

голод / спрага

enfermo / sano

хворий / здоровий

ilegal / legal

незаконний / законний

inteligente / tonto

розумний / дурний

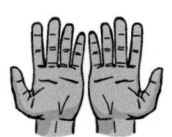

izquierda / derecha

вліво / вправо

cerca / lejos

поруч / далеко

nuevo / usado

новий / використаний

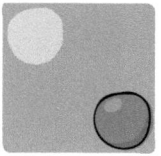

nada / algo

нічого / щось

viejo / joven

старий / молодий

encendido / apagado

вкл / викл

abierto / cerrado

відкрито / закрито

silencioso / ruidoso

тихо / гучно

rico / pobre

багатий / бідний

correcto / incorrecto

правильно / неправильно

áspero / suave

шорсткий / гладкий

triste / contento

сумний / щасливий

corto / largo

короткий / довгий

lento / rápido

повільно / швидко

húmedo / seco

вологий / сухий

caliente / frío

гарячий / холодний

guerra / paz

війна / мир

0

cero

нуль

1

uno

один

2

dos

два

3

tres

три

4

cuatro

чотири

5

cinco

п'ять

6

seis

шість

7

siete

сім

8

ocho

вісім

9

nueve

дев'ять

10

diez

десять

11

once

одинадцять

12

doce

дванадцять

13

trece

тринадцять

14

catorce

чотирнадцять

15

quince

п'ятнадцять

16

dieciséis

шістнадцять

17

diecisiete

сімнадцять

18

dieciocho

вісімнадцять

19

diecinueve

дев'ятнадцять

20

veinte

двадцять

100

cien

сто

1.000

mil

тисяча

1.000.000

el millón

мільйон

el inglés

англійська

el inglés americano

американська англійська

el chino mandarín

китайська
високочиновницька

el hindi

хінді

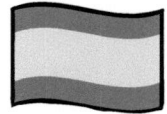

el español

іспанська

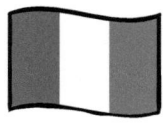

el francés

французька

el árabe

арабська

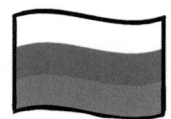

el ruso

російська

el portugués

португальська

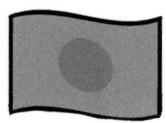

el bengalí

бенгальська

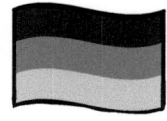

el alemán

німецька

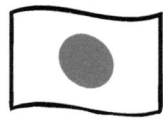

el japonés

японська

yo

я

tú

ти

él / ella

він / вона / воно

nosotros

ми

vosotros

ви

ellos

вони

¿quién?

хто?

¿qué?

що?

¿cómo?

як?

¿dónde?

де?

¿cuándo?

коли?

el nombre

ім'я

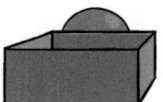

detrás

ззаду

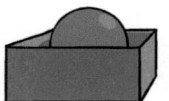

en

в

delante de

перед

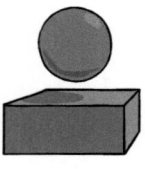

por encima de

над

sobre

на

debajo de

під

junto a

біля

entre

між

el lugar

місце